극단적 흰빛

시에시선 090

극단적 흰빛

고철 시집

詩와에세이

차례__

제1부

깡다구 · 11
성탄절 선물 · 12
꽃골 · 13
US 1달러 · 14
보육원 생각 · 16
대통령 하사품 · 18
극단적 흰빛 · 20
가을밤 · 22
어쩔 수 없어서 울었다 · 23
시가 안 되는 날 · 24
참회록 · 26
길이 사는 방법 · 28
어느 천년에 · 30
가족사진 · 31
비 구경 · 32
신년 계획을 가을에 쓴다 · 33
저 달이 내 생일이다 · 34
108번뇌 · 36
SUPER MOON · 37
여름 방학 · 38
내가 신봉하는 유일신 · 39
정답을 적었는데도 맞았다 · 40
대광인력사무소 · 42
물푸레나무 속살 같았던 여름 이야기 · 43

제2부

강원도에는 섬이 없다 · 49
구름과 나 · 50
임종 · 51
산의 말씀 · 52
새벽까지 비 내릴 적에 · 54
공원 체험 · 56
겨울새 · 58
아침 바람 찬바람에 · 59
그림자 살기 · 60
가마우지 관찰법 · 61
네! 라고 대답했다 · 62
감자의 눈 · 63
국화꽃 우리는 아침 · 64
천 년의 한쪽을 살아가듯이 · 65
도둑질하고 싶다 · 66
해서는 안 되는 일 · 68

제3부

욕봤다 · 71
보헤미안 · 72
특 2호실 고별사 · 73
깐깐한 동물 · 74
사람아 사람아 · 76
하울링 · 78
풍선껌의 용도 · 80
백수의 꿈 · 81
바람에게 배우다 · 82
납작한 무기 · 84
쓰레기 헹궈 먹기 · 85
나에게 혼났다 · 86
마당에 앉아 있으면 · 88
두 사람이 젖을 만큼 · 90
늦밤에 첫눈이 · 92
너가 오는 아침 · 94
터닝 포인트 · 95

제4부

교감 언어 · 99
생업과 부업 · 100
하얀 꽃 눈송이처럼 날릴 때 · 102
껍질이 전하는 식사법 · 104
불멍 · 106
변방의 새 · 107
나와 딱따구리가 사는 법 · 108
이러고 있다 · 110
시골 시인 · 112
쉽지 않지 · 114
흰, 눈 · 115
밟는 게 능사는 아닌데 · 116
사회주의와 나의 모순 · 118
혈맹 관계가 들어간 꿈을 꾼 적 있다 · 120
그림자 · 122
더러운 다큐멘터리 · 123
잡아당기는 힘 · 124
끝 · 126
지우개 설법 · 128
나쁜 시인 · 129

발문 | 김미옥 · 131
시인의 말 · 135

제1부

깡다구

새벽 일어나 똥 누고 이빨 닦고 세수하고
작업복을 입는다

새벽 일어나 똥 누고 이빨 닦고 세수하고를 빼면
작업복만 남는다

어제 먹은 해장국이 어금니에 끼었다
어제 먹은 해장국을 빼면
어금니만 남는다

작업복과 어금니
작업복과 어금니를 빼면
깡다구만 남는다

깡다구만 남는다를 빼면
나만 남는다

나만 남는다를 뺀 적은 없다

성탄절 선물

겨울에 일이 없어서
속상해 죽겠는데
성탄절이다
심심해서 죽겠는데
미장일하는 최 사장이 일 가자고 한다
야금야금 담뱃값은 남아 있었고
그럭저럭 김장김치는 두 독이나 남아서
견딜 만했는데
내일부터 일 가자고 한다
나를 좋게 해석해 준 최익현 사장이 일가친척 같았다
좋아서 죽을 뻔했다

꽃골

할미새 알을 찾으려고 개울을 따라가다가
꽃골까지 가고 말았다
온몸을 절뚝거리며 병신 흉내를 내는 통에
알도 할미새도 못 얻고 집으로 왔다
저녁도 안 먹고 옹크려서 잠을 잤다
새로운 작전을 세우느라
부엉이 소리도 못 듣고 늦게 일어났다
오늘은 내가 먼저 절뚝거리며 할미새를 이길 거다

*꽃골: 강원도 홍천군 영귀미면 속초2리 명동보육원 맞은편 진달래가 울창한 마을

US 1달러

us 1달러를 지갑에 넣고 다닌 적이 있다
한때의 사내들이 그랬던 것처럼
두 번인가 세 번인가를 us처럼 꼬옥 접어서
us 지갑의 맨 안쪽에다가 모셔 놓고
us의 걸음으로 다닌 적이 있다

us의 걸음을 걸으면
나의 키도 us처럼 길쭉해질 것 같았다
us의 책을 읽고 us의 언어로 말을 하면
내 입에도 us처럼 유창한 방언이 생길 것 같았다

us 1달러가 지갑에서 차곡차곡 알을 낳아
us처럼 부자가 될 것 같았다
us처럼 코도 크고 거시기도 커서는
us의 여자를 만나 us 같은 결혼도 하고 싶었다
us 같은 집도 짓고 싶었다

us 1달러 어디에도 행운이라는 단어는 적혀 있지 않았

다

  미국이 없어졌으면 좋겠다

보육원 생각

우리들은 우리들끼리 우리들의 집에서 원산폭격을 했다

우리들끼리 기상하다가
우리들끼리 밥먹다가
우리들끼리 기도하다가
우리들끼리 세수하다가
우리들끼리 공부하다가
우리들끼리 도둑질하다가
우리들끼리 별명 부르다가
우리들끼리 싸움하다가
우리들끼리 이 잡다가
우리들끼리 찬송가 부르다가
우리들끼리 축구하다가
우리들끼리 잠자다가
우리들끼리 기상하다가
우리들끼리 좋아하다가
우리들끼리 고향 묻다가

우리들끼리 울다가
우리들끼리 집합하다가
우리들끼리 웃다가
우리들끼리 이름 부르다가
우리들끼리 일하다가도
원산폭격을 했다
방에서도 마당에서도 원산폭격을 했다

우리들은, 우리들의 우리들에 의한
전쟁을 겪었었다

세상은 고요하고 고요했다

대통령 하사품

달 한 개가 얼어 있다
그런 달을 에워싼 채
불 깡통에 불을 붙여 언 달 녹이는 아이들을 보다가
카메라를 들었다

달에 살았던 사람들이 프레임 속으로 들어왔다

12월에 군수 영감이 대통령 하사품을 들고 찾아왔다
―차렷 하고 사진을 찍었다
12월에 도지사가 라면을 들고 찾아왔다
―스마일 하고 사진을 찍었다
12월에 사단장이 라면을 들고 찾아왔다
―차렷 하고 사진을 찍었다
12월에 국회의원이 라면을 들고 찾아왔다
―김치 하고 사진을 찍었다
12월에 걸스카우트 학생들이 라면을 들고 찾아왔다
―치즈 하고 사진을 찍었다
12월에 로터리클럽 회장이 라면을 들고 찾아왔다

―김치 하고 사진을 찍었다

엄마야 누나야 강변 살자 했다는데

사진 속에 살았던 사람들이 사진 밖의 달 속으로 다시 들어갔다

극단적 흰빛

깜깜했다

끝닿은 낭떠러지처럼
한 발 물러설 수 없는
이러지도 저러지도 못하는
때

깜깜해서야 집으로 왔다
돌아다니다가
별 성과도 없이 집으로 왔다

집 안의 불을 끄지 않고 나갔을 때가 있었다
딸깍 소리가 무서워서 불 켜지 않았다
담배 하나를 물려다 그만두었다

주방이 보이고 아침 먹던 숟가락이 보였다
실감 나지 않는 빛이 생겼다
엄마, 하고 부르려다 그만두었다

기다렸던 전화기가 조잘조잘 울려서
거실 등을 켰다

극단적 어둠들이 차츰차츰 흩어졌다

가을밤

안성탕면을 먹다가
강아지 짖는 이유가 궁금해서
밖에 나갔다

낙엽 떨어지는 깜깜한 밤
추워서 들어왔다

상호 간 참 외로웠던 모양이다

어쩔 수 없어서 울었다

오늘도 해가 뜨지 않았다
자꾸만 비 왔다
고추밭에 비 내렸고
그제는 옥수수밭에 비 내렸다

텔레비전을 보았다
썩은 소금을 바다에다 버린다는 자막이 나왔다
밭에다가 오줌 눈 나의 뉴스는 없었다
뉴스를 또 보는데
갓난아기 두 개가 냉장고에서 발견되었다는 소식을 듣다가
사나운 생각이 들어서 텔레비전을 발로 꺼버렸다

꼬깃꼬깃 구겨 넣은 그 시간
버르장머리 없는 애들 엄마를 생각해 보았다

시가 안 되는 날

용써도 시가 안 되는 날 있다
착한 마음을 만들어 보아도
안 되는 건 안 되는 날이다
이런 날이면 점심도 아침도 굶기 마련인데
그런데도 안 되는 날이다
저쪽 사람 쳐다보아도
이쪽의 사람 시비를 걸어도
달아나는 택시를 배웅해 보아도
시가 안 되는 날 있다

친구가 꽃 들고 찾아왔다
시 쓰느라고 욕본다며 삼겹살이랑 술도 사주고 갔다
그런데도 안 된다
신경질이 생겨서 뉴스를 틀었다
질문을 받던 죄인이 여기자를 향해 윙크해 줬다
나도 죄인을 위해서 두 번이나 왼쪽 눈을 깜빡거려 주었다
낼모레 큰비 온다는데도 시 안 되는 날 있다

동화 한 편 보았는데도
깎은 연필을 또 깎아도 졸음 껌 씹어 보아도
시 안 되는 날 있다

무엇을 해도 안 되는 날인데도 저녁을 먹었다
내일은 시가 나를 위해 살아줬으면 좋겠다

참회록

파르르 떤다
결박된 뿌리까지 파르르 떤다
친숙했던 이파리까지 파르르 떤다
지고지순한 적 없는 나도 떤다

끔찍한 밤을 보냈다
의지와는 상관없이 밤은 끔찍했다
악몽이었다
간절하게 참회하려던 하늘은
젖어 있었다
부끄러워서 뉘우치는 기도를 드리려고
하늘을 쳐다보았다
장마였다

파르르 떨면서 죽었다
강아지는 쥐약 때문에 죽고
쥐는 고양이 때문에 죽었다
농부는 진드기 때문에 죽고

작물들은 내가 뿌린 제초제 때문에 죽었다

고구마 옥수수 고추 땅콩 배추까지 다 죽였다

지중해 연안엔 시인의 묘지가 있다
나의 밭에는 작물의 무덤이 있다
해변의 묘지는 바람으로 잠을 잔다
내가 죽인 작물들의 무덤은 무엇으로 잠드는가

"바람이 분다 살아야겠다"

"바람이 분다 살아야겠다"

경우를 막론하고 묘지는 슬프다

*프랑스 시인 폴 발레리의 시「해변의 묘지」차용

길이 사는 방법

길에서 길 만난 적 있다
길에서 길 잃은 적 있다
질문하고 싶었는데 길이 없어진 적도 있다
만보기를 구하려고 저쪽으로 갔다가 길 잃은 적 있다

소나기 내렸던 곳을 파악하려고 군청 복지과를 찾아가다가 길 잃은 적 있다 한 번은 햄버거 가게에서 나오다가 고물상 가는 길을 몰라 운 적 있다 길이 도망가고 없어서 신경질 나게 웃은 적 있다 길에게 약국을 물은 적 있다 토마토 대신 공중화장실을 찾다가 길 잃은 적 있다

길은 내버려 둘 때 길 된다

이전에도 가 본 적 있는 성령충만교회 지하실에 세 살던 눈사람 만드는 공장이 생각나 길에게 물은 적 있는데 성가셨는지 길은 또 도망갔다

길은 지문을 지우며 산다

밤 별이 우리 집에 다녀간 이유라든가 방앗간 앞을 지나간 소방차의 차고지라든가 민방위본부 옆에 있는 초등학교의 이름이라든가 뱀 잘 잡는 집이라든가 그런 거 다 집어던지고 길은 산다

길은 공업사에서 멀수록 좋다 변호사 사무소에서 멀수록 좋다 그러니까 성령충만교회 가는 길이나 만보사 가는 지름길이나 세무소 가는 길과는 멀수록 좋다는 말이다 천 년 산 적 없다 일회용의 법전처럼 길은 하루만 산다 그 하루를 위하여 기를 쓰고 길은 하루를 준비한다

요지는 이렇다
길은 시인의 집과는 멀수록 좋다
한 번도 틀린 적 없다
길은 시인의 의도와는 정반대에서 산다

어느 천년에

미국 가고 싶은데
고추하고 옥수수가 망가져서
미국 갈 비행기 삯이 없다

태평양을 건너자니 멀고도 깊다
내가 잘하는 개헤엄이나 개구리헤엄으로는
칠 년이 걸릴지도 몰라서 포기하기로 했다

밀항선을 타려면 잘생겨야 한다는데
여벌의 숨겨둔 돈이라도 있어야 한다는데
미국 갈 뾰족한 수를 모르겠다

미국 가고 싶은데
고추하고 옥수수가 망가져서 포기하기로 했다
내년에는 농사가 망가지지 않았으면 좋겠다

가족사진

가을볕이 좋아서
가족들 앞세워 하늘 구경을 했다
사나운 바람 기다란 장대비 온데간데없고
뭉게뭉게 피어난 구름의 덩어리들이
아이들 좋아하는 곰 인형을 닮아서
나도 아이들도 아내도 참 행복했다
채송화도 들판 허수아비도
코스모스도 웃고 담장의 해바라기도
마음껏 웃던 하늘

꽃밭에는 꽃들이 모여 산다고 했다

가족사진을 찍었다
해바라기는 자기 키를 한 뼘이나 줄여서
우리들의 기념을 축하해 주었다

우리는 웃으면서 찍혔다

비 구경

작정을 하고 비 구경을 했다

개망초꽃 강아지풀 달맞이꽃도
채송화도 해바라기도 비 구경을 했다
외할아버지도 무덤 집을 나와서 비 구경을 했다
단풍나무 도토리나무도 비 구경을 했다
뒷산도 앞산도 비 구경을 했다
다람쥐 사마귀 고라니도 비 구경을 했다
심지어는 들고양이도 까마귀 참새도 비 구경을 했다

특별하게 주제가 설정된 것도 아닌데
지상의 것들이 하나둘씩 나와서
기도라도 하듯이 비 구경을 했다
허수아비도 비 구경을 했다
가로등 켜 놓고 전봇대도 비 구경을 했다

비도 나를 구경했다

신년 계획을 가을에 쓴다

건강
금연
금주
돈 모으기
개인 시집 내기

다섯 개의 신년 계획을 2017년 벽두에 적었었다

한 장 한 장 지나간 시간을 더듬는데
만세 부를 만큼 용모가 단정한 날은 없었다

지나간 것은 지나간 대로
신년 계획을 가을에 또 적는다
그래야 반의반이라도 건질 수 있다

스스로의 결의에 비웃거나 비꼬아선 안 된다

저 달이 내 생일이다

저 달이 내 집이다
산 아래 가로등 같은 저 달이
내 고향이다
한 번도 상처받지 않은 저 달이
내 고향 집이다

한밑천 챙겨 가려고 이 세상 온 거 아니다
쫑알쫑알 화딱지 내려고
땅 꺼지는 한숨 쉬려고 이 세상 온 거 아니다
이골나도록 버거울 때가 있다
조목조목 살아보았는데
펄럭이던 때가 많아서 찢어지는 경우가 더 많았다

한 움큼씩 햇볕이 들어서
차근차근 이파리가 돋아서
꽃대 올려 열매 만드는 거 보려고
낙엽 생기는 거 보려고 이 세상 왔다

저 달이 내 집이다
상처 난 적 없는 저 달이
어머니 살고 있는 저 달이
내 고향 집이다

저 달이 내 생일이다
일월 오늘
착해지고 싶은 날이다

108번뇌

산 가다 목이나 축이려고
어느 절에 들어서는데 108계단이 보였다
등허리도 아프고 다리가 풀려서
잰걸음으로 계단을 올라갔다
합장을 하고 물 마시니 살 것 같았다

요사채 앞마당에서 가을 화초를 구경했다
맨드라미는 맨드라미대로 예쁘고
구절초는 구절초대로 대견하고
해바라기는 해바라기대로 듬직한데
긴 계절 뼈 세우느라
저 한 몸 형편없이 소진하면서
씨방의 새끼들 건사시키느라 얼마나 힘들었을까
비바람 치들 때마다
얼마나 흔들렸을까

구부구부 산새가 108번은 더 울었을 텐데

SUPER MOON

큰 달이 떴다고 난리들이다
물 한 모금 달에게 준 적 없으면서
달 달 달 사도신경을 뱉어내듯이
수북한 복 내려달라고 떼쓰고 있다

엄마에게 매달린 적 있다
그러면 엄마는
모이면 주고
모이면 주고
허탈하게 야윈 몸 다시 일으켜서
어거지 쓰는 나에게
모이면 주고
모이면 주고
그랬었다

한 번도 엄마가 큰 달이 된 적은 없었다

저 달은 틀림없이 부어 있는 거다

여름 방학

불 주사 한 대씩을 맞고 여름 방학이 시작되었다
부릉
부릉
고무신 한쪽을 접어
고무신 트럭을 만들어서 개울에서 놀았다
개미귀신 구덩이를 피해서 가고
사락골 구부러진 모퉁이를 돌아서 가기도 했다
김춘녀는 공갈 밥 짓고
이준탁은 개구리를 찢어 가재를 잡았다
낭만 같은 거 모르고
난 아빠 넌 엄마 하면서
햇감자가 익는 동안
미루나무 그림자는
태양의 중심을 피해서 가기도 했다

내가 신봉하는 유일신

신발 때문에 편해졌다
생활이 덕분에 윤택해졌다
신발 때문에 밥 먹고 산다

신발을 끌고 공장에서 돌아왔다
저녁 먹고 신발을 끌고 산책했더니
나의 육신이 회복되었다
일요일 아침에는
노곤하고 노곤해진 신발을 깨끗하게 빨아서
마당에다 널었다

마르고 닳도록 인간에게 회복을 주는 신발
초자연적 위력을 가진 신발
밥 먹게 해 주는 신발

다음 달에는 신(神) 하나를 더 사와야겠다

정답을 적었는데도 맞았다

님은 갔습니다
사랑하는 나의 님은 갔습니다

인용한 시에서 말하는 님은 무엇입니까?

교과서 안에서 「님의 침묵」이란 시를 읽었고
주관적 생각으로 시험을 치른 적 있다
학교가 원하는 답 조국을 적기가 싫어서
최재옥이라 써냈다
교무실 불려가 엄청 맞았다

최재옥이는 노천재건중학교 1학년 때의 짝이다
읍내 희망리로 이사 오면서 헤어졌다
진짜다

최재옥이가 누군데? 물어서
헤어진 여자 친구라 말했다
또 때렸다

너 몇 살이냐고 물어서 몇 살이라 말했더니
꼬박꼬박 어른한테 말대꾸한다고
더 때렸다

정답을 적었는데도
나는 틀린 답이 되었다

대광인력사무소

차례가 아닌데 부른다

신명이 달아나서 풀이 죽어 있는데
모두가 닫힌 귀를 열어 놓고 기다리는데

서울에도 큰 눈 내렸다는데
김씨 집에도 최씨의 덕포 집에도
큰 눈 내렸다는데

차례가 아닌데 부른다

수두룩하게 쌓여 있는 것들 물리치고
나는 대광(大光)의 인력이 되었다

물푸레나무 속살 같았던 여름 이야기

그러고 보니 참 오래된 얘기다

서울 큰 교회서
농촌 봉사 활동하러 우리 동네를 찾아 주었다

사방 뻐꾸기가 우는 한낮

무논에선 피살이가 한창이고
처녀들은 아이들 모아 놓고 생전 처음 듣는
유행가며 교회 노래를 가르쳐 주었다
서울 사람들을 처음 보아서인지
하나같이 얼굴들이 희고 성실해 보였다

너 이름이 뭐니?
김추월이래여~
몇 살이지?
열한 살이래여~ 하면서
존댓말의 끝에를 길게 끌어서 대답을 했더니

신기한 듯 착하게 웃어 주었다

피살이가 끝난 오후에는
4H 청년회와 교회 쪽 청년들이 모여
보육원 마당에서 축구 시합을 했다
얼굴 까만 사람들이 우리 편인데
3대 1로 지고 말았다

까치발보다 빠른 교회 쪽 청년이
구경하던 내 앞에서 패스를 하다가 그만
양말목에 숨겨 둔 담배를 흘리고 말았다
나는 얼른 주워서 주머니에 숨겼다

청년들은 개울에 나가서 돌 제방을 쌓았다
우리는 백반을 빻아서
아까징끼 발라 주던 처녀들의 손톱에다가
봉숭아물을 들여 주었다

여러 날이 금방 지나갔다
오랫동안 사귀었던 정든 내 친구여 하면서
「석별의 정」 부르면서
그쪽도 이쪽도 마음껏 울었다
까치발보다 빠른 청년이 내게로 왔다
공책을 찢어서 밥풀로 붙인 것을 주머니에서 꺼냈다
아저씨~
이거여~ 하는데
악수를 하려던 까치발 청년이 나를 힘껏 껴안았다
우는 거 같아서
나도 따라 울었다
꼭 예수님이 우는 거 같았다

뻐꾸기 뒷산에서 울고 뜸부기 무논에서 우는
물푸레 속살 같았던 여름이었다

제2부

강원도에는 섬이 없다

강원도 간다
강원도 간다
섬 없는 강원도 간다
묻지 마라
강원도 간다

섬 되고 싶을 때 있다
투덜거리며 혼자되고 싶을 때 있다
두리번거려도 만져지지 않는
섬 되고 싶을 때 있다

섬에 살면서도
섬 되고 싶을 때 있다

강원도 간다
강원도 간다
내가 섬인 줄 모르고
강원도 간다

구름과 나

가까스로 하늘에 매달려 고작 한다는 것이
흩어진 구름 몇 개를 주머니에 담아서
내려오는 것인데 그럴 때면 두둑한
행복 같은 게 생겨서 밥 안 먹었는데도 기분이
좋아진다

하필이면 그럴 때 상처가 생겨서 손가락 안쪽에
대일밴드 두 개를 사용해야 했다 구름에도 면이 있고
각이 있다는 걸 처음 알았다

이따가 굵은 비 내릴지도 모르는데
배추밭 옆에서 솟대나 깎고 있다

강아지가 고개를 갸우뚱거리는 한낮
구름은 도망가기에 바쁘다

임종

죽음 앞둔 아흔네 살의 엄마에게 가족들이 물었다
엄마!
지금 누가 제일 보고 싶어?
눈 세 번 깜박이던 엄마가
엄~마! 하고는 숨 쉬지 않았다

산의 말씀

호젓한 마음이나 얻으려고 산길을 걷고 있는데
겨자씨만 한 개미들이 산 지렁이 사체를
힘들게 부수는 걸 보았다
도끼 낫 쇠스랑 부엌칼 도마 망태
리어카 톱 호미 삽 망치 괭이
담아갈 수 있는 건 죄 가지고 나와서
가르고 쪼개느라 분주하다
한 삽 거들까 하다가 그만두었다

비운다는 건 좋은 건데
나는 누가 가볍게 해 주나
뒷산 오를 자격도 없는 나를
부끄러운 게 많은 나를
누가 저처럼 쪼개고 갈라서
한 죽음을 가볍게 해 주나
다르게 생각해 봐도 산길 오르는 일이
다 헛헛한 것인데
또 한 사람이 나를 피해

산길을 오르고 있다

새벽까지 비 내릴 적에

누구를 위해 편을 들어주나
편들 사람 많은 세상에
나는 누구를 위해 역성을 드나
저녁달의 온화한 은총으로
내가 살아왔듯이
어머니의 푸른 젖 주머니로
내가 견뎌왔듯이

옳고 그름 관계없이
일방적으로 한쪽 편을 들어주는 걸
역성이라 한다지
몹시 언짢거나 못마땅하여
골부터 내는 걸 역정이라 한다지

조건 없이 위로받고 편 받고 싶을 때 있다
카타르시스와는 별개의 감정으로
위로받고 싶을 때 있다

비가 내리는 새벽
아무런 한 사람을 위해 편들고 싶다
마음이 젖은 사람
편 가르다 상처 된 사람
편들고 싶다

공원 체험

구리로 만들어진 사람이 공원 의자에 앉아 있다
미동도 없이 한쪽 눈을 가린 채 앉아 있다

한쪽 마음을 단단히 다친 사내가
구리로 만들어진 사람 곁으로 다가와서 앉았다
다리 다친 비둘기도 한쪽 마음을 단단히 다친 사람
곁으로 다가와 앉았다

볕이 따뜻해서 서로가 춥지 않았다

비둘기가 사내의 얼굴을 쳐다보았다
사내도 다리 다친 비둘기를 쳐다보았다
그랬더니 구리로 만들어진 미동도 없던 사람이
비둘기와 사내의 얼굴을 번갈아 쳐다보았다
서로들 쳐다본 것뿐인데 어색하지 않았다

나는 맞은편 의자에 앉아 있었다
구리로 만든 사람과 한쪽 마음을 다친 사람과

다리 다친 비둘기가 우르르 나를 응시하고 있었다
한쪽 눈을 가리고 나도 맞은편의 얼굴들을 쳐다보고 말았다

겨울새

빗속을 젖어서
새가 간다
이리 와 이리 와 하는데도
창문을 열어서 부르는데도
부드러운 눈길 주지 않고
차가운 공중을
새가 간다
눈은 언제 오려고
빗속을 젖어서 마음껏 젖어서
젖은 새가 간다

비통한 서정 같기도 하고
대단한 결의가 느껴지는 정서 같기도 하였다

아침 바람 찬바람에

한 줄의 결의 같은 맑고 총명한 아침
싸락눈을 밟고 간 고양이 발자국을 보고 말았다

그림자 살기

다짜고짜
성가시게
살 떨리는 전율로 만나서
세계의 끝까지라도 가 보자는 거지
그림자와 그림자가 징그럽게 엉키어
공평하게 엉키어
왼쪽이나 오른쪽 기울기 없이
한날한시 낱개로 흩어질 때까지
우주의 끝까지라도 가 보자는 거지
함몰될 거라는 설정은 없었지

가마우지 관찰법

물 밖 검은 새가
물속으로 뛰어든다
물 밖의 친숙한 허기가 뒤따라온다
밉다

날개는 물과 만난 지느러미, 물과 만난 몸

물속에서는
허기가 친숙을 버려야 한다
헉 헉 소리가 나도록 내쳐야 산다

물 밖 태양은 지고 없는데
물 밖 검은 새가
자꾸만 물속으로 뛰어든다

부레에 물 드는 것도 모르고,

네! 라고 대답했다

나팔꽃보다 환한 얼굴로
나쁜 말 못하는 지렁이의 사투리처럼
어슬렁거려도 좋은 오후
주간 신문을 사서 읽었다

행복하려고 노력하십시오!

내일 보려고 한 점괘가 오늘 나와서
참 좋았다

감자의 눈

분립(分立) 이전의 것들에는 개개의 눈들이 있다
제 몸의 다짐들이 증발하기 전
자기 눈을 속여가며 드러낸 감자의 새순들이 그렇다

국화꽃 우리는 아침

설마 했는데 쓰다
한입 가지고 여러 번 마시기 싫어서
첫 잔은 그냥 삼켰다
첫 경험치고는 고약한 맛이다

설마 했는데도 쓰다
한입 가지고 여러 번 나눠 마시기가 번거로워
둘째 잔도 그냥 삼켰다
가을 국화 생각하며 마셨는데도 쓴맛이다

설마하니 달다
쓴맛 헹구려고 여러 번 삼켰더니
제법 쓰지 않고 구수한 맛이 났다
찻물이 식었는데도 마실 만했다

여러 번 겨울을 살아봤더니
겨울을 여러 번 헹구었더니 견딜 만했다

천 년의 한쪽을 살아가듯이

긴 하루를 살아가려고
뱀이 스―슥거리며 지나가고 있다
긴 하루를 살아보려고
나도 스―슥거리며 뱀을 피해서 갔다
각자의 볼일들이 수월해졌다

천 년의 한쪽을 살아가듯이
다르면 다른 대로
느리면 느린 대로
바쁘면 바쁜 대로

와글와글 천 년이 흘러서 간다

도둑질하고 싶다

연민 같은 거 생기지 않게
도둑질하고 싶다
두서와 같이 살아온 거 들키지 않게
벼르고 벼르다 생겨난 습관처럼
나도 도둑놈이 되고 싶다

섭섭하면 섭섭한 대로
그리우면 그리운 대로
티 나지 않게 너처럼
모나지 않게 너처럼
꽃 가꾸는 아이처럼
너를 훔친 나처럼
세상 도처에 나가서
섞이고 싶은 것들 훔치고 싶다

사실은 누가 나를 막아놔서 섞여야 할 항목들을 잘 모른다

도둑질하고 싶다
그도 저도 아닐 때
누가 나를 훔쳐갔으면 좋겠다

해서는 안 되는 일

태양을 훔치려다 한쪽 눈을 잃었다

다시는 태양을 볼 수 없었다

해서는 안 되는 일을 저지르고 말았다

제3부

욕봤다

오느라고
오느라고
욕봤다

그리하여 길 가는 꽃이여
부끄러운 나여

가느라고
가느라고
욕봤다

가는 거 밖에 모르는 나의 몸뚱이여
욕봤다

보헤미안

사회의 관습이나 규율 따위를 무시하고
우리는 세계 최초의 사람이 되려고
자유분방하게 방랑하면서
최초의 나그네가 되려고
멀리서 왔다

치이고 치였던 사람들이
저마다 하루치의 일기장을 품고 온 것으로 보아
설명될 수 없는 최초의 세계에 대해
무한한 경외감마저 들었다

최초가 되려는 우리들의 의지
들판의 새들이 다가와 토닥여 주었다

떠나왔던 거기가 무분별하게 그립기도 했지만
대꾸하지는 않았다

특 2호실 고별사

한 사람이 지나서 가네
아홉이 지나갔던 그 길
일곱이 찾아왔던 그 길
한 사람이 지나서 가네

주섬주섬 챙기는 거 없이
삼가 명복 없이
주머니 없이
잊혀진 무엇이 되려고
그림자 닮은 한 사람이 지나서 가네

전에 왔던 그 길
지나갔던 그 길을
녹아내린 지느러미 한 개 없이
한 사람이 지나서 가네

지상에는 조문객들이
한 사람을 쓸어 담고 있네

깐깐한 동물

꽃들 분분한데도
무늬의 질서들이 자꾸만 흩어져요
직립을 배웠던
입을 닫은 보행들이 숨어버려요

그런 봄
강에 비가 내려요
우산 속에다 박쥐들이 집을 지어요
섬세할 만큼
우리들의 안부는 거꾸로 가고요

어쩌시려고요
어쩌지 못한 것들을 어쩌시려고요

열이 자꾸만 나는데도 술을 마셔요
아이큐는 엉터리로 망가지고요
변비약이라도 먹어야 될까요
우 우 소리가 나는 곳에 긴 줄을 서서

재난지원금이라도 신청해야겠어요

기차가 몸을 풀고 지나가요

다시 봄,
마스크를 벗고 김밥을 먹어요

깐깐한 동물이 되어간다는 게 신기해요

사람아 사람아

메뚜기도 뛰지 않는 이 겨울
살모사가 독을 거둔 이 겨울
이파리 떨어진 나무 밑에서 검은 곰이 꿈을 꾸는 이 겨울
사마귀가 숨어버린 이 겨울

사람이 산다

홀라당 외로움을 품은 산 밑의 큰 개가 감정을 숨기고 윙윙 우는 이 겨울
차가운 혓바닥으로 눈밭을 걸어가는
고라니 노루 숨 고르는 이 겨울

사람이 산다

지진 해일 덜커덕거리는 이 겨울
눈엣가시 잡아 뽑는
수류탄 같은 이 겨울

와장창 배가 고픈 이 겨울
친아버지를 죽였다는 뉴스 같은 이 겨울
철새 날아간 빈집 같은 이 겨울

사람이 산다

철학에도 없는 이 겨울
창세기 같은 이 겨울
사람아 사람 이 겨울

하울링

막내가 울 때
울음 참지 못하고 아파서 울 때
이름을 부르는데도 막내가 울 때
병원 가는데도 울 때
곁에서 애 엄마도 울 때
첫째가 울어서 나도 울 때

나는 운다

직간접적으로 시간은 흘러서
여러 가지 꽃들이 만발하게 피어서 흩날리던 때
방해받았던 일들이 까마득해졌을 때
막내가 결혼을 했다
누구 하나 참견하지 않고 좋아서 울었다

막내도 모르고 첫째도 모르게 아내가 울었다
하우~ 하우~ 하면서 기념사진이 찍혔다

나는 맨 앞의 첫 줄이라서 울지 않았다

풍선껌의 용도

도와줘
뭐라는지
1도 모르겠어

풍선껌 포장지에 적힌
위로도 엄살도 아닌 문구를 읽었다

더 길게
더 멀리
풍선을 불어 봐

그래도 모르겠거든
더 길게
더 멀리
풍선을 날려 봐

그래도 모르겠거든
풍선을 터트리는 거야

백수의 꿈

하얀 꿈을 꾸기로 하고
내 몸을 열 개로 분리하여
낮잠을 잤다

하얀 꽃 열 개가 각각 피기 시작했다

오늘도
열 개의 내 몸을 위하여
낮잠을 잘 거다

세간이 풍족하면 좋겠다는 엄마의 잔소리에
잠에서 깼다

몸 없어진 자리마다
꽃들이 와서는 꿈을 꾸기 시작했다

바람에게 배우다

풍선 안에 갇혔다
비장한 생각으로 도망쳐야 하는데
출구를 모르겠다
신경질이 났다
지난번에는 야구장의 폭죽이 터져서
도망칠 수 있었는데
백일홍 축제 때 또 붙잡히고 말았다

밖에서 말소리가 들렸다
구름과 놀던 자유와 소나기와 놀던 밤
몹시 그리웠다

집 잃어버리고 이러고 있다
옴짝달싹 못하고
가야지,
가야지 하면서도
이러고 있다

점점 갇힌 방이 비좁아졌다

그래,
솟아날 구멍이 있다는 걸 들은 적 있지
느릿느릿 찾아보는 거야

설명하지는 마,

납작한 무기

특별히 모신 적도 없는데
우당탕탕 큰소리 치지 않고
파리가 방에서 산다

파리채가 없어서
후려칠 무언가를 찾다가
시집 한 개 꺼내어 잽싸게 갈겼다

똥이 주식이었던 한때의 벌레가
즉사했다
날개도 손바닥도 똥주머니도
함께 죽었다

내 밥 훔쳐 먹다 죽었다
납작해진 파리의 변사체 앞에서
시도 시집도 납작해졌다

분위기도 납작해졌다

쓰레기 헹궈 먹기

절박하지 못하면 쓰레기가 된다

시시해져서 애써 외면했었던

눈 내리고 눈 내리는 아침
밭에 갔다
냄새나고 버르장머리 없는 것들
맛없는 거 시시해진 것들 뒤져서 쓰레기국 끓였다

쓰레기를 헹구었더니 시래깃국이 되었다

나에게 혼났다

열 번 들으면 타령이 된다
타령이 나쁜 노래는 아니지만
저 산 저 멀리 저 언덕에는 하다가 혼났다
무슨 꽃들이 피어 있을까 하다가 혼났다
나비와 같이 훨훨 날아서 하다가 혼났다
헤이야호 헤~야호 하다가
흡족해서 부르는데도 혼났다

살다 보니 칭찬 들을 때도 있다
옥수수 밭고랑의 풀을 뽑는다거나
고춧대를 단단히 엮어 준다거나
강아지 똥을 치운다거나
빨래를 마당에 넌다거나
이럴 땐 칭찬도 칭찬이려니와
고기반찬에 막걸리 한잔도 마실 수가 있다

시 쓰다가 혼이 났다
몰래 쓰다가 혼났다

시인을 좋아한 나는 시는 미워하는 거 같다

일찍 잠을 자자고 하는데도 안 자면 혼났다
내가 먼저 불 끄자고 하면
쓸쓸한 표정을 감추고
상냥한 말씀으로 나에게 칭찬을 해 준다

들키지 않게 새벽 일어나면
시인 같은 나를 위해 시 쓰고 싶다
칭찬 들을 때까지 나를 쓰고 싶다

마당에 앉아 있으면

별이 찾아오는 시간은 고요하다
달 찾아오는 시간은 더 고요하다
다저녁
마당에 앉아 있으면 그걸 금방 안다

눈 감고 있으면 고요하다
귀 감고 있으면 더 고요하다
천 년이 그랬던 것처럼
고요가 시끄러운 적은 없었다

저쪽에는 저쪽의 고요가 있다
이쪽에는 이쪽의 고요가 있다
저 산에는 저 산의 새가 있다
이 산에는 이 산의 새가 있다

마당에 앉아 있으면 안다

성공하지 못한 혁명군이 울면서 지났을 테고

파랑새가 파랑(波浪)을 건디며 지났을 테고
대포나 수류탄도 지났을 테고
역병의 팬―데―믹 같은 녹두꽃 지났을 테고

마당에 앉아 있으면 안다

그저께같이 개망초꽃 피었다
내 몸에도 고요가 생겨서인지
소나기 구르는데도 참견하지 않았다
다소 쓸쓸하지만
나는 마당하고 고요가 참 좋다

두 사람이 젖을 만큼

비 온다
꽃 떨어지는 걸 낙화라 했다
비 떨어지는 걸 낙수라 했다

그리운 사람 위하여
비 온다

어느 계절 타이르려고
어느 사람 위로하려고
무슨 과일 익혀주려고
낭만 없는 이 천지에 젖은 비 오는가

밖이 젖으면
안에도 젖는다

귀 열어 놓고
귀 닫아 놓고
눈 감고

눈 뜨고 들어도
비 온다
한 옥타브의 노래같이
은혜로운 한 소년같이

그리하여 내리는 비에는
마음이 떨리어서
몇몇 날은
곤혹스러운 것이다

늦밤에 첫눈이

덩이 덩이 첫눈 내리는 밤
아득한 내가 아늑한 너를 위하여 할 수 있는 건
참 적다
서정의 한 시간처럼
낙엽 속을 들여다보아도
여름 숲 헤아려 보아도
너를 위하여 할 수 있는 건
참 적다

겨울은 흑백처럼 비리고
적어 놓은 편지도 없는데
애절했던 한때가
아무 계절 지나가는
밤바람같이
그래서 쓸쓸하다면 쓸쓸한
아늑하고 아득한 첫 손님같이

이따금씩 첫눈 올 때면

외로운 거 두고 온 내 마음같이
세상에서 가장 짧은 소설같이
허무라도 생기는 것이다

너가 오는 아침

하늘이 미친 듯 파래지는 아침
이런 날은 거짓말 같은 거 없이
성냥 알 분질러서 이빨 쑤시는 거 없이
너가 오는 방향을 두 번이나 쳐다보는 아침
미사여구 참 좋은 문장들을 만들어서
너에게 할 말을 만들고
지나간 봄 다시 붙들어 와서
보지 못한 꽃 구경시켜 주고 싶은 아침
잔소리 같지만 보고 싶고
엉터리 같지만 보고 싶고
그리하여 너가 가진 그리움을 다 소진할 때까지
차마 없어질 때까지

씨 방 씨 방 알갱이를 모으는
채송화 몇 송이를 구경하는 아침
우편번호를 까먹고도 행복한 아침
너가 오는 방향을 청소하는 아침

터닝 포인트

복 있는 사람을 만났다
복 있어 본 적이 없어서 그 사람을 버리고 갔다

이번에는 행복한 사람을 만났다
행복한 적이 없어서 그 사람을 버리고 갔다

꼭 이 세상에 없는 사람들만 찾으러 다녔다
이러다가 영영 버려질 것 같아서
내다 버렸던 사람들을 다시 주워 왔다

제4부

교감 언어

입천장을 두드려가지고
딹, 딹, 딹, 딹 소리를 냈더니
강아지가 깨끗한 소리만 모아서
멍, 멍, 멍, 멍 하면서
심심해 죽겠다는 나를 위로해 주었다

생업과 부업

나는 부업이라 말하고 너는 생업이라 말한다

묵 쑤어 먹으려고 주워 온 도토리는 부업이다
주워 온 도토리에서 싹이 났다면 생업이다
문방구의 지우개는 부업이다
잘못 된 문장을 지울 땐 생업이다

해와 달을 서정으로 감상했다면 부업이다
옥수수밭을 해와 달과 별이 지나갔다면 생업이다

공룡이 코를 골았다면 부업이다
자다가 알을 낳으면 생업이다
오골계 알을 훔쳐 먹으면 부업이다
부화하면 포스팅해 줄게, 이러면 생업이다

오늘도 해를 돌면서 살자, 이러면 부업이다
해 보다가 땀띠가 생겼다면 생업이다

아―아아악 진짜 오랜만에 넘 웃겨 죽을 뻔 ㅋ, 이러면 부업이다
이럴 땐 어떡해? 이러면 생업이다
나 잘꺼임 ㅋ, 부업이다
깼냐? 이러면 생업이다

모르겠다구~ 이러면 부업이다 헐~ 하면서 헛바닥이 부러졌다면 생업이다

왜 태어났니?는 부업이다
삼가 고인의 명복을 빕니다! 이러면 생업이다

밤은 생업이고 부업은 낮이다

나는 부업 때문에 죽어갔다

하얀 꽃 눈송이처럼 날릴 때

마당의 풀 뽑다가 지저귀는 새가 시끄러워서
하늘을 본다
지게 내려놓고 하늘을 본다
배추밭 매다가 하늘을 본다
옥수수에게 비료 주다가 물 주다가
하늘을 본다
세수도 못 하고 면도도 못 하고
똥도 못 누고 하늘을 본다

허무합니까, 괜찮습니까,

강아지랑 놀다가
날리는 꽃 보면서 하늘을 본다
마당 쓸다가 쓰레기 태우다 하늘을 본다
설거지 끝낸 허무가 하늘을 본다

새는 저쪽 산에 살고
우리는 이쪽 산에 산다

허무는 그쪽으로 가고
아침은 이쪽에서 온다

허무합니까, 그쪽입니다

껍질이 전하는 식사법

우주의 모든 껍질들은 동그랗게 말려 있다
견디며 단단하게
껍질은 견고한 존재가 아니라 존재감을 증명하는 일종의 치밀한 계획 같다

태양을 자궁에 숨겨 놓고
달은 거칠게 푸르게
터진 입을 가진 내 눈과
터진 귀를 가진 내 생각과
동그란 무엇이 되어간다는 게 신기하다

세 개의 공룡알은 박물관에서도 둥글다

쇠똥구리가 발자국을 남겨 놓고 가는 여름
강아지들의 생일이 일관되게 똑같다
텃밭의 고랑들이 푸르고 동그랗게 익어 간다

자양이 부족한 살들은 껍질을 품지 못한다

사내는 지금 수제비국을 만들고 있다
 속의 살들이 부족한 사내는 잠시 후면 동그랗게 모여 식사를 할 것이다

 오늘의 식사는 껍질이 증명할 것이다

불명

인정 많은 눈빛으로
내 주머니 털어간 사람 있다
인정 수북한 눈빛으로
나를 속여먹은 사람 있다
나를 죽이려고 했던 사람 있다

이걸
죽여
말어

이걸
죽여
말어

혼자 중얼거리다가 불 앞에서 졸았다
불도 자기 몸 태우면서 졸았다

변방의 새

새들은
사각을 자유자재로 날 수 있다

새들은
사각을 움켜쥐거나 주머니에 넣고 다니진 않는다

인간들은
주머니가 무거워 날지를 못하는데도
새의 날개만 존경한다

변방이라도 날아야 하는 연습을 해야겠다

어라, 양팔이 들리기 시작했다

나와 딱따구리가 사는 법

쪼고 쪼고 쪼면서 제목을 만들고 있다

고요와는 상관없이
세월 한 철 살아가자고
있는 힘 쏟아내며 주둥이를 움직이고 있다

새는 공중에서 먹이를 찾고
나는 땅에서 먹이를 찾는다

주름을 펴가며
하늘의 구름이 느긋하게 흘러갈 때
강아지 귀가 쫑긋하고
산책길의 나의 귀도 행복해졌다

딱따구리가 허락을 한다면
공중의 저 구멍을 들여다보고 싶다

따르르르륵 딱딱

따르르르륵 딱딱
단단한 저 제목을 들여다보고 싶다

이러고 있다

잠 못 들고 이러고 있다
먹은 저녁 잘 삭히지도 못하고 이러고 있다
끊었던 담배 다시 피우며 이러고 있다

해 뜨는데도 이러고 있다
복권도 못 맞추고 이러고 있다
커피도 못 마시고 이러고 있다

안경도 못 닦고
먼지도 못 털고
연필도 못 깎고
시도 못 쓰고 이러고 있다
그림자도 못 지우고
이러지도 저러지도 못하고 이러고 있다

유명한 사람이 못 되고 이러고 있다

전화 걸지 못하고

전화 받지 못하고
발걸음을 멈추고 이러고 있다
강아지가 부르는데도 이러고 있다

모자를 벗었는데도 이러고 있다
연애도 못 하고 이러고 있다
나의 다짐도 이러고 있다

내일은 다짐 같은 게 없었으면 좋겠다

시골 시인

시골에서도 시가 되느냐고 친구가 물었다
답하기가 신경질 나서 그럭저럭 먹고는 산다고 했다
느슨하고 추악한 생각이 머리끝까지 들었다

시 가지러 서울 간다

뉴스에서 보았던 광화문 일대나
서초동 대검찰청 정문을 서성거려 볼 참이다
홍대 먹자골목이나 예술의전당 경비실까지
그래도 시를 줍지 못하면
저번에도 가 본 적 있는 서울역 주변을
서울 사람처럼 변장을 하고 배회할 참이다
그러고도 시 줍지 못하면
명동성당 주교관을 찾아가
서울에서는 시를 어디서 줍냐고 따져 물을 것이다

그런데도 시 줍지 못하면
마포 한국작가회의 편집실이라도 찾아가 문의해 볼 거다

그래서도 시 줍지 못하면
용산 대통령궁에나 찾아가 안토니 가우디 시에 나타난
굴절된 시적 모멸성에 대하여 담소나 나눌 생각이다

시 가지러 서울 왔다

동서울 내려 김밥 한 개 사 먹었다
부스러기 밥 먹은 거 같아
흡연 박스 밖에서 담배 피웠다
무슨 악착같은 사정들이 있는지
아가씨도 아저씨도 심지어는
스님까지 담배를 먹고 있는데
 재떨이 수북한 곳에서 장초만을 주워 가는 무엇인가를 보았다

사건 개요를 분석하려는데 전화가 왔다

나 그냥 내려갈게!

쉽지 않지

장례식장 밖에서 생명보험 만기일을 까먹는다는 게
죽는 날을 까먹고도 조의금을 챙긴다는 게
왜 이래? 왜 이래? 한다는 게

흰, 눈

귀엣말을 하듯이
조용하게

흰 고양이같이
골목 걸어가는
발자국같이

남을 거만 남아서
새하얀 세상
내 마음 고쳐 주려고
눈 오네

세계의 어느 마을에서도
이와같이
흰 눈 내리겠네

밟는 게 능사는 아닌데

큰 산 넘어가는 개미들을 보았다
사진기로도 다 담을 수 없는
죽은 개미 끌고 가는 개미들이
낑낑 소리를 참으며
천산 넘어가고 있다

나는 관찰자가 되었고
죽은 개미 끌고 가는 개미들은
피사체가 되었다

살다 보니 별스런 거 많이 봤다
죽느냐 사느냐 보았고
그것이 문제로다 보았다
천둥 번개 큰비 치는 것 보았고
살다 보니 보았었다

고인 물 피해가는 지난밤의 악착같이
죽은 개미 끌고 가는 개미들 보다가

허물어선 안 될 개미들의 대열을
쓰윽 밟아 보았다
따—다닥 허리 부러지는 소리가 나는데도
나는 여러 번 밟았다

아무렇지도 않게 성한 것들 밟아서인지
나의 발바닥이 먹먹해졌다

사회주의와 나의 모순

사회주의적 서적을 읽는 아침

너는 길을 건너가고 나는 길을 건너서 온다
너는 서적을 탐독하고 나는 책을 읽는다
너는 폭력이라 말하고 나는 다툼이라 말한다
너는 국가라 말하고 나는 우리나라라 말한다

너는 이상 국가라 말하고 나는 보편적 국가라 말한다
너는 비상약이라 말하고 나는 처방약이라 말한다
너는 보안등이라 말하고 나는 가로등이라 말한다
너는 공안이라 말하고 나는 경찰이라 말한다
너는 동무라 말하고 나는 벗이라 말한다

사회주의적 책을 읽는 아침

너는 학습이라 말하고 나는 공부라 말한다
너는 식량이라 말하고 나는 밥이라 말한다
저는 적군이라 말하고 나는 국군이라 말한다

너는 세탁이라 말하고 나는 빨래라 말한다

너는 노동자 계급이라 말하고 나는 근로자 단체라 말한다

너는 특근이라 말하고 나는 잔업이라 말한다

너는 축제라 말하고 나는 잔치라 말한다

너는 이념이라 말하고 나는 생각이라 말한다

너는 화장실이라 말하고 나는 변소라 말한다

너는 승려 계급이라 말하고 나는 중들 집단이라 말한다

너는 사회주의라 말하고 나는 민주주의라 말한다

너는 갹출이라 말하고 나는 세금이라 말한다

너는 신생아라 말하고 나는 갓난아기라 말한다

너는 인민이라 말하고 나는 백성이라 말한다

너는 말하다 지치면 총을 쏘지만

나는 말하다 지치면 돈 세는 버릇이 있다

모든 모순에는 핑계는 있고 순서는 없다

혈맹 관계가 들어간 꿈을 꾼 적 있다

그의 생일이 며칠 안 남아서
고마워하고 기뻐할 그의 선물을 생각했다
작년에 읍내 나가서 삼겹살 먹고
영어가 적힌 얼굴 크림도 사줬었다
진짜 가죽으로 된 가방은 비싸서 못 사 줬다

그의 생일을 미역국같이 기념하고자
가죽 가방이랑 그가 좋아하는 갈비거리도 사왔다
갖은 양념 버무려 도다도다 칼질하다가
좋은 거 해 준다는 게 그만 손가락을 베이고 말았다
흐르는 피가 아까워서 흰 도화지 꺼내다가
그의 이름을 적어 봤다
피가 모자라서 파란색 색연필로 그의 이름 밑에다가
당신의 영원한 혈맹이라고 적었다
그가 소설처럼 곁에 와서 대일밴드를 붙여 주었다
밥알 몇 알을 혈맹지 뒷면에 문지르고선
우리들의 방에다가 붙여 보았다
아무런 말이 없던 그가 생각을 조이리는지

우는 거 같았다
나도 그렇게 했다

그림자

십 년 지나도록 변하지 않는 것 있다
애써 모르는 척하고 외면을 하는데도
변하지 않는 것 있다
나와는 다르다고 이름도 성도 다르다고
그대는 내가 될 수 없는 것이라고
냉정하게 타일러 돌려보내도
검게 끄슬린 누가 내 옆에 있다

더러운 다큐멘터리

딱히 할 말도 없으면서
그립다고 말해야 할 때가 있다
얻어 온 지 일곱 달밖에 안 된 까놀이가
혹한의 구석에서 강아지 셋을 낳았다
핥고 젖 물리던 모습이 측은하기만 했었는데
뒤뚱뒤뚱 걸음마나 겨우 뗀 강아지들을
오늘 남의 집에 주었다

쓸데없이 눈은 쏟아지고
나는 그리울 거라는 짐작만 했다

우리는 어디서 얻어 온 걸까

잡아당기는 힘

뼛속의 안부를 기고한 의사가 있다
의사는 시인이다

피는 뼈를 잡아당겨 산다
뒤집어서 말하면
뼈는 피를 잡아당겨서 산다

뼛속의 안부를 기고한 그에게 질문한 적 있다
툰드라의 뉴스처럼
사막에서 말라죽은 뼈들의 말씀처럼
뿔의 속사정 하나를 꺼내서
그에게 질문한 적 있다

뼛속의 안부가 궁금하다 했다
젖은 날이면 유독 뼈마디가 시려서 죽겠다 했다

 오늘 오늘 어르신들은 뼛속 안부를 자주 말하곤 하지요

오늘처럼 젖은 날이면 기압이 떨어져서
　관절 안의 조직들이 팽창하여 신경이 자극되어 통증을
더 느끼지요
　귀하의 문학적 질문에 통속적이고도 세속적인
　대답을 한 것 같아 속상합니다

　팽창이란 단어만으로도
　그는 좋아요를 눌렀고 나는 나빠요를 누르지 않았다

　환자는 의사를 끌어당겨서 산다
　의사는 환자를 끌어당겨서 산다

　그는 시가 되었고 나는 두렵지 않게 명의(名醫)가 되었
다

끝

말 못하는 사람이
끝 끝 끝 하면서
말 연습을 하고 있었다
혀끝이 입천장에 자꾸만 달라붙어서
말이 생기지 않았다
피가 나게 노력했음에도
말 생기지 않아 속상했다
포기하기로 했다
끝을 접어서 삼켜버렸다
벙 어 리 벙 어 리 하면서
자책했다

벙 어 리 벙 어 리 벙 어 리
벙 어 리 벙 어 리 벙 어 리 하다가

말 생긴 걸 알았다
기적이었다
날아갈 만큼 소리쳤다

나는 말 못하는 사람이 아닙니다
벙어리가 아닙니다
이젠 끝!

하다가 다시 벙어리가 되었다
한 입 가지고 두 말 하려다 생겨난 말까지 잃어버렸다

지우개 설법

한 겹의 때를 벗겨야만
너가 보인다
한 겹의 너를 벗겨야만
잘못 살아온 내가 보인다
한 겹의 너를 지워야만
흰 도화지 같은
큰 세상 하나가 보이게 된다

나쁜 시인

꿈에서 나쁜 시인이 되어 있었다
통사정을 하는데도
강간을 했다
이름도 모르고 강간을 했다
얼굴도 모르고
나이도 모르고 강간을 했다
나쁜 꿈을 꾸다가 잠에서 깼다

시인의 면허증을 반납하러
나는 도서관으로 가려다 '박물관으로 가는 중이다'
사람들이 비켜 주었다

발문

우리들의 시인, 고철

김미옥(작가 · 서평가)

　시인 고철이 14년 만에 세 번째 시집을 내었다.
　슬픔을 놓고 고통을 놓며 그의 시가 꽃으로 피었다.
　아스팔트 사이에도 꽃이 피듯 시는 그의 생 어디든 피어난다.
　시가 바람에 흔들리며 고개 저으며 다가왔다.

　그의 시를 즉흥적이라 말한 이가 있었다.
　나는 '즉흥'이란 삶의 축적이 발화된 것이라 정정해 주고 싶다.
　시의 다의성이 한 인간의 생애를 이토록 가볍고 무겁게 한다.
　보육원 구석에서 혼자 흥얼거리던 아이는 자신의 노래가 시인 줄 몰랐다.

며칠 후에 데리러 오겠다던 엄마는 평생 데리러 오지 않았다.

시인의 기억은 '버림'으로 시작된다.

어른이 되고 사랑하는 여자를 만나 가정을 이루겠다는 추측성 시다.

"우리는 웃으면서 찍혔다."(「가족사진」 부분)

사진을 찍은 것이 아니라 찍혔다.

행복이 타인의 시선으로 규정될 수 있음을 한 줄로 날카롭게 드러낸다.

그의 시가 특별한 것은 사람에게 버림받고 사람으로 일어나며 자신을 타자화하는 것이다.

섬에 살면서도
섬 되고 싶을 때 있다

강원도 간다
강원도 간다
내가 섬인 줄 모르고
강원도 간다

—「강원도는 섬이 없다」 부분

결연한 고립, 확정된 고독의 도발적 시어가 유쾌하다.

2006년도에 낸 첫 번째 시집『핏줄』이 자신의 뿌리를 찾기 위한 공개 전단이었다면 2009년 두 번째 시집『고의적 구경』은 공사장 노동자로 살아가면서 "세상에서 가장 높고 외롭고 위태로운 곳"에서 절절하게 부른 노래였다.
  이번 시집은 체념이나 허무가 아닌 희망과 달관의 시편이다.

> 우리들은, 우리들의 우리들에 의한
> 전쟁을 겪었었다
> ―「보육원 생각」부분

> 나만 남는다
>
> 나만 남는다를 뺀 적은 없다
> ―「깡다구」부분

> 길은 지문을 지우며 산다
> ―「길이 사는 방법」부분

> 땅 꺼지는 한숨 쉬려고 이 세상 온 거 아니다

이골나도록 버거울 때가 있다
　　조목조목 살아보았는데
　　펄럭이던 때가 많아서 찢어지는 경우가 더 많았다
　　　　　　　　　　　　　　―「저 달이 내 생일이다」 부분

　기억의 저편으로 우리를 데려가는 고철 시인의 언어는 특별하다.

　　주방이 보이고 아침 먹던 숟가락이 보였다
　　실감나지 않는 빛이 생겼다
　　엄마, 하고 부르려다 그만두었다
　　　　　　　　　　　　　　―「극단적 흰빛」 부분

　체념이 희망을 버린 것이라면 포기는 가능성을 가슴에 품는다.
　그리움이 그렇다.

「내가 신봉하는 유일신」이나 「108번뇌」는 슬며시 웃음이 배어나온다.
　이 시집은 해설도 발문도 필요없다.

시인의 말

극단적으로 살아온 거 같은데 다행스럽게도 그 극단적 삶의 결과가 더럽게 느껴지지 않아서 다행이다
건방지다 생각할 수도 있겠지만 내 삶의 행간마다 시라는 것이 있었다
어찌 보면 취미이고 어찌 보면 놀이이기도 했다 그 놀이로 인하여 크게 울기도 했고 귀엽게 웃기도 했었다
고백하지면 시 때문에 많은 위로를 받으며 살았다
이 겨울 내 마음 일부를 수정하고 싶은데 이제는 내가 시를 위로해 주고 싶다
귀한 손 포개 주신 김미옥 작가님과 정병윤 시인께 마음 다듬어 고마움 전한다

2024년 12월 영월 자취방에서
고철

극단적 흰빛

2024년 12월 13일 초판 1쇄 펴냄

지은이 _ 고철
펴낸이 _ 양문규
펴낸곳 _ 詩와에세이

신고번호 _ 제2017-000025호
주　　소 _ (30021)세종특별자치시 조치원읍 충현로 159, 상가동 107-1호
대표전화 _ (044)863-7652
팩시밀리 _ 0505-116-7653
휴대전화 _ 010-5355-7565
전자우편 _ sie2005@naver.com
공 급 처 _ 한국출판협동조합
주문전화 _ (02)716-5616
팩시밀리 _ (031)944-8234~6

ⓒ고철, 2024
ISBN 979-11-91914-73-3 (03810)

* 지은이와 협의하여 인지는 생략합니다.
* 이 책 내용의 전부 또는 일부를 재사용하려면 반드시 지은이와
  詩와에세이 양측의 동의를 받아야 합니다.
* 책값은 뒤표지에 표시되어 있습니다.
* 이 도서는 강원특별자치도, 강원문화재단 후원으로 발간되었습니다.